RATUS POCHE

COLLECTION DIRIGÉE PAR JEANINE ET JEAN GUION

W0213937

En plus de l'histoire :
– des mots expliqués pour t'aider à lire,
– des dessins avec des questions
pour tester ta lecture.

© Hatier Paris 1991, ISSN 1259 4652, ISBN 2-218 05597-X

Toute représention, traduction, adaptation ou reproduction, même partielle, par tous procédés, en tous pays, faite sans autorisation préalable est illicite et exposerait le contrevenant à des poursuites judiciaires. Ref. : loi du 11 mars 1957, alinéas 2 et 3 de l'article 41. Une représentation ou reproduction sans l'autorisation de l'éditeur ou du Centre français d'exploitation du droit de copie (3, rue Hautefeuille, 75006 Paris) constituerait une contrefaçon sanctionnée par les articles 425 et suivants du Code pénal.

Le trésor du tilleul

Une histoire de Giorda
illustrée par Anne Teuf

HATIER

LES PERSONNAGES
DE L'HISTOIRE
Bar des Spor
le maire
l'ingénieur inconnu
RECHERCHE
RAPAX
Mistouflette Majuscule Moustique
trois amis qui aiment la nature

Mistouflette, Moustique et Majuscule sont sur la place. Ils jouent aux dominos
sous le grand tilleul, près du café. Soudain, 1
le maire arrive avec un inconnu. 2
– C'est un ingénieur, dit le maire au 3
cafetier. Il dit que le tilleul est malade. Il faut le couper tout de suite.

Qui veut faire couper l'arbre ?

Mistouflette observe cet homme, avec 4
ses lunettes et son gros foulard. Elle a
l'impression de l'avoir déjà vu…
– J'ai une lettre du ministre, dit 5
l'ingénieur. Si cet arbre tombait sur un
enfant, vous seriez responsables, tous 6
les deux !

Trouve la feuille
du tilleul de la place.
4
5
7
6

Le cafetier hausse les épaules :

– Ce tilleul n’est pas malade. Ses feuilles sont bien vertes. Et il fait une belle ombre sur ma terrasse.

Mistouflette, Moustique et Majuscule
sursautent en entendant ricaner 7
l’ingénieur.

– Et ça, dit-il en montrant le tronc. Qu’est-ce que c’est ?

Quelle photo montre le tronc du tilleul ?

– Ça, dit le cafetier, c’est mon père
qui l’a fait. Il y avait un trou sous la
première branche, il y a longtemps.
Alors, mon père l’a bouché avec du
ciment. 8
– Eh bien, réplique l’ingénieur, il a 9
enfermé un virus dans le tronc. 10
Maintenant, l’arbre pourrit de l’intérieur.
J’enverrai demain quelqu’un pour
l’abattre… 11

Quel personnage ressemble à l'ingénieur ?

Une fois l'ingénieur parti, Mistouflette s'écrie :

– Je suis sûre que c'est encore l'affreux Rapax. Mais pourquoi veut-il couper notre tilleul ? Allons voir le père du cafetier. Il doit sûrement savoir quelque chose…

– Mais, dit Majuscule, on va laisser faire Rapax ?

– Certainement pas ! s'écrie Moustique. Viens !

Dans l'histoire, qu'y a-t-il dans le camion de Rapax ?

Le lendemain, au début de l'après-
midi, un gros camion arrive à l'entrée
du village. Il est chargé de scies et de
tronçonneuses. Et c'est bien Rapax 12
qui est au volant ! Mais la route
principale est barrée. Une flèche indique
une déviation sur la droite. Le camion 13
est obligé de passer par une petite rue.

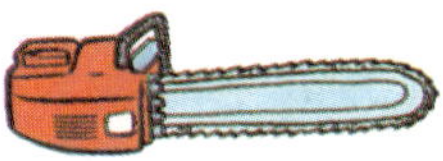

Par quoi Rapax a-t-il été surpris ?
17
18
19

Le camion doit ensuite tourner à
gauche, puis à droite. En arrivant dans
une ruelle, Rapax aperçoit soudain 14
deux vélos couchés sur la chaussée. 15
Surpris, il donne un coup de volant.
C'est alors qu'on entend un grand
crac suivi d'un grand boum ! Et le
gros camion reste coincé entre les 16
maisons.

Quelle photo correspond à l'histoire ?

En face de lui, Rapax voit arriver la voiture du maire. Vite ! Il saute du camion et se sauve en courant. Alors, les enfants sortent de l'impasse où ils 17
s'étaient cachés. Le maire s'écrie :

– Ce que vous avez fait est dangereux. Vous savez bien que cet individu est capable de tout !

À qui le maire a-t-il téléphoné ?
23
24
25

En réalité, le tilleul est-il malade ?
26 oui
27 non

– Mais c'est nous qui avons empêché Rapax de couper le tilleul de la place ! crie Majuscule.

– Je venais, moi aussi, pour l'arrêter,
explique le maire. J'ai téléphoné au 18
ministre. La lettre est un faux. Notre 19
tilleul n'a jamais été malade !

– Je l'avais deviné, dit Mistouflette.

Qu'est-ce que le père du cafetier avait mis dans le tronc du tilleul ?

Ils sont retournés sur la place. La terrasse du café est pleine de monde.

– Autrefois, dit le cafetier, quand mon père a bouché le tronc de l'arbre, il a jeté dedans une pièce d'or pour porter bonheur au village.

– Rapax l'a appris, conclut Mistouflette. Voilà pourquoi il a essayé de couper notre tilleul : il a cru qu'il y avait un trésor dedans !

POUR T'AIDER À LIRE

1

un **tilleul**
(on prononce : *ti-ieul*)

soudain
(on prononce : *sou-din*)
Tout à coup.

2

un **inconnu**
C'est une personne qu'on n'a encore jamais vue.

3

l'**ingénieur**
Dans l'histoire, c'est la personne capable de dire si l'arbre est malade.

4

elle **observe**
Elle regarde bien.

5

le **ministre**
Tous les **ministres** forment le gouvernement d'un pays.

6

responsable
Ils seront **responsables** : si l'arbre tombe, ce sera de leur faute.

7

ils **sursautent**
Ils ont un mouvement brusque parce que le rire de l'ingénieur leur rappelle quelqu'un.

ricaner
On **ricane** quand on rit avec méchanceté.

8

du **ciment**
(on prononce : *si-man)*

9

il **réplique**
Il répond.

10

un **virus**
Un **virus** donne des maladies.

11

abattre
Abattre un arbre, c'est le faire couper.

12

une **tronçonneuse**
(on prononce :
tron-so-neu-ze)
Une **tronçonneuse** sert à couper les arbres.

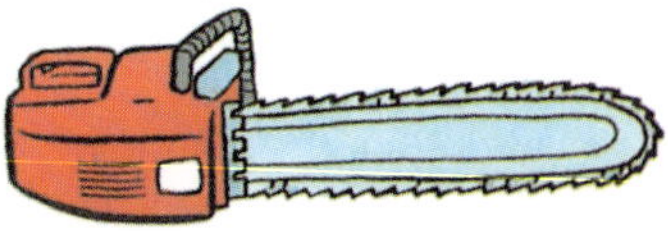

13

une **déviation**
C'est une autre route qu'on est obligé de prendre.

14

une **ruelle**
C'est une rue très étroite.

il **aperçoit**
Il voit tout à coup.

15

la **chaussée**
C'est l'endroit de la route où les voitures roulent.

16

coincé
(on prononce : *ko.in-sé*)
Le camion ne peut plus bouger.

17

une **impasse**
C'est une petite rue fermée à un bout.

18

explique
(on prononce : *èks-pli-que*)

19

un **faux**
La lettre du ministre est **un faux** parce que ce n'est pas lui qui l'a écrite.

20

essayé
(on prononce : *é-sè-ié*)

1 Le robot de Ratus

Ratus a un robot pour faire peur à ses voisins les chats.

2 Tico fait du vélo

Tico a un joli vélo qui va beaucoup trop vite...

3 Les champignons de Ratus

Ratus ramasse des champignons vénéneux !

4 Tico aime les flaques d'eau

C'est amusant de sauter dans les flaques d'eau !

5 Sino et Fanfan au cinéma

Devant nos amis, il y a une chèvre…

6 Ratus raconte ses vacances

En vacances, Ratus est capturé par des pirates…

7 Le cadeau de Mamie Ratus

On vole les fromages de Ratus ! Sa grand-mère va l'aider...

8 Ratus et la télévision

Ratus a acheté une télé. Mais pourquoi est-il furieux ?

9 Le trésor du tilleul

Mistouflette et ses amis vont découvrir un curieux trésor...

10 Ralette au feu d'artifice

Une sorcière s'est penchée sur le berceau de Ralette.

11 Ralette fait des crêpes

Ralette fait sauter une crêpe, très haut !

12 Le bonhomme qui souffle le vent

Gare à ceux qui se trouvent sur son chemin !

13 Ralette fait du camping

Ralette a planté sa tente trop près d'un torrent…

14 L'âne Badaboum se venge

La vie est dure quand on est un âne !

15 Ratus se déguise

Ratus sauvera-t-il la princesse Mina des griffes de l'ogre ?

16 La bosse de Grand Vocabul

Petit Vocabul et Grand Vocabul jouent au cheval.

17 Les Vocabul et la chèvre noire

Les Vocabul campent dans le pré d'une chèvre noire...

18 Ralette fait du judo

Ralette va-t-elle devenir ceinture noire de judo ?

19 Les mensonges de Ratus

Attention Ratus : les menteurs sont toujours punis !

20 Les Vocabul font de la magie

Gros Vocabul se trompe et Grand Vocabul fait tout à l'envers !

21 Ratus écrit un livre

Ratus invente l'histoire d'un âne qui ressemble à Victor.

22 La cachette de Ralette

Ralette et ses amis jouent à cache-cache…

23 L'anniversaire de Ratus

On fête l'anniversaire de Ratus.

Un roman illustré et en partie écrit par les enfants.

24 Une surprise pour Ralette

Le cousin Roméo arrive d'Amérique. Qu'apporte-t-il dans ses bagages ?

25 Sino fête son anniversaire

Zoé, Pédro et Fanfan invitent Sino au restaurant. Mais on lui prépare un drôle de dîner…

Les bonnes réponses

Tu es un super-lecteur

si tu as trouvé ces 10 bonnes réponses.

3, 5, 8, 13, 15

17, 22, 25

27, 30.

Maquette Jean Yves Grall, mise en page Joseph Dorly

Imprimé en France par Pollina, 85400 Luçon - n° 73958-A
Dépôt légal n° 16513 - Février 1998